Zhongguo Wenhua
Zhishi Duben

中国文化知识读本

成吉思汗陵

主编

金开诚

编著

辛鹏龙

吉林出版集团有限责任公司

吉林文史出版社

图书在版编目（CIP）数据

成吉思汗陵 / 辛鹏龙编著 .一长春：吉林出版集
团有限责任公司: 吉林文史出版社，2009.12(2022.1 重印)
（中国文化知识读本）
ISBN 978-7-5463-1678-9

Ⅰ . ①成… Ⅱ . ①辛… Ⅲ . ①成吉思汗（ 1162 ~
1227）– 陵墓 – 简介 Ⅳ . ① K928.76

中国版本图书馆 CIP 数据核字（ 2009 ）第 236896 号

成吉思汗陵

CHENGJISIHAN LING

主编/ 金开诚 编著/辛鹏龙

责任编辑/曹恒　崔博华 责任校对/梁丹丹

装帧设计/曹恒 摄影/金诚 图片整理/王贝尔

出版发行/吉林文史出版社 吉林出版集团有限责任公司

地址/长春市人民大街4646号 邮编/130021

电话/0431-86037503 传真/0431-86037589

印刷/三河市金兆印刷装订有限公司

版次/2009 年 12 月第 1 版 2022 年 1 月第 5 次印刷

开本/650mm×960mm 1/16

印张/8 字数/30千

书号/ISBN 978-7-5463-1678-9

定价/34.80元

关于《中国文化知识读本》

    文化是一种社会现象，是人类物质文明和精神文明有机融合的产物；同时又是一种历史现象，是社会的历史沉积。当今世界，随着经济全球化进程的加快，人们也越来越重视本民族的文化。我们只有加强对本民族文化的继承和创新，才能更好地弘扬民族精神，增强民族凝聚力。历史经验告诉我们，任何一个民族要想屹立于世界民族之林，必须具有自尊、自信、自强的民族意识。文化是维系一个民族生存和发展的强大动力。一个民族的存在依赖文化，文化的解体就是一个民族的消亡。

    随着我国综合国力的日益强大，广大民众对重塑民族自尊心和自豪感的愿望日益迫切。作为民族大家庭中的一员，将源远流长、博大精深的中国文化继承并传播给广大群众，特别是青年一代，是我们出版人义不容辞的责任。

    《中国文化知识读本》是由吉林出版集团有限责任公司和吉林文史出版社组织国内知名专家学者编写的一套旨在传播中华五千年优秀传统文化，提高全民文化修养的大型知识读本。该书在深入挖掘和整理中华优秀传统文化成果的同时，结合社会发展，注入了时代精神。书中优美生动的文字、简明通俗的语言、图文并茂的形式，把中国文化中的物态文化、制度文化、行为文化、精神文化等知识要点全面展示给读者。点点滴滴的文化知识仿佛繁星，组成了灿烂辉煌的中国文化的天穹。

    希望本书能为弘扬中华五千年优秀传统文化、增强各民族团结、构建社会主义和谐社会尽一份绵薄之力，也坚信我们的中华民族一定能够早日实现伟大复兴！

目录

一、成吉思汗的一生

成吉思汗出生在蒙古草原斡
难河畔

（一）成长壮大

成吉思汗出生于蒙古大草原斡难河畔的蒙古毡帐中，其出身充满了传奇色彩。据说，成吉思汗刚出母胎时，右手就紧握一个血块，头上还有神光。当时成吉思汗的父亲即泰亦赤兀惕部落的首领也速该刚从塔塔儿部的战斗中胜利归来。见到自己的儿子非同一般，异常高兴。因为在这次战斗中，也速该俘获了塔塔儿部一个叫铁木真兀格的首领。为了纪念这一战功，也速该按照传统习惯给他的新生儿取名铁木真。

12世纪初，蒙古大草原上散居着众多的蒙古族部落，为了争夺全蒙古的最高统治权，各大部落间争战不休，草原上弥漫着血腥和仇恨。在冤冤相报的仇杀中，也速该一家未能幸免于难。大约在1170年，也速该被仇家塔塔儿人毒死，留下了妻子诃额仑和六个年幼的孩子，当时铁木真的年龄最长，也只有9岁。由于失去了也速该的保护，铁木真一家经常受到排挤。最终，心狠的泰亦兀惕部族人还是抛弃了他们。诃额仑一家被迫在斡难河畔流浪，从此，铁木真开始了艰苦的童年生活。

蒙古草原的生存条件非常恶劣，一个寡妇带着七个年幼的孩子，生活的艰苦程度可想而知。为了使孩子们不至于饿死，诃额仑像原始人一样到处摘野果、挖野菜。

也速该巴特尔像

成吉思汗的一生

她肩负着蒙古男人和女人的双重责任，她的身影奔波于斡难河流域的草原和大山之间，这位伟大母亲钢铁般的意志使这些孩子奇迹般地安全存活下来，并一天天长大。这种结果完全出于泰亦兀惕人的意料之外。为了防止也速该的孩子长大后报仇雪恨，他们决定斩草除根。于是他们开始了险恶的谋杀行动，在这次追杀中，铁木真没能逃脱，不幸成了泰亦兀惕人的俘虏。可能出于对当年也速该的敬畏，他们没有立即处死铁木真，而是给铁木真戴上木枷，由几个蒙古士兵轮流看管。

元太祖成吉思汗塑像

成吉思汗陵

成吉思汗塑像

在一个闷热夏天的傍晚，泰亦兀惕人在斡难河畔举行盛宴，看管铁木真的只有一个身体瘦弱的年轻士兵。机敏的铁木真想出了一个逃跑的方案。午夜时分，喝得醉醺醺的泰亦兀惕人沉沉地睡着了。机会来了，铁木真乘那个看守的年轻人转过身的一刹那，双手捧起大木枷，准确地将其击倒在地，拔腿就往外跑。泰亦兀惕人知道铁木真逃跑后，立刻集合队伍分头进行搜索。在铁木真走投无路的时候，一个叫锁儿罕的泰亦兀惕牧民冒着生命危险，将铁木真藏在了自己家的羊毛车里，才使铁木真脱离了危险。

前文已经说过，铁木真是家中的长子，很小的时候就开始肩负起家庭的重担，从小就表现出勇敢机敏的领导才能。一天，铁木真不在家的时候，家里仅有的八匹良马被草原上的盗贼抢走了，马是草原民族的生命，马的被抢对铁木真一家来说无疑是灭顶之灾。少年铁木真毅然决定将马追回来，他骑上家里剩下的唯一一匹劣马向盗马贼的去向奔去。铁木真跑了两天两夜，直到第三天傍晚才找到被盗的八匹马。经过一番波折，铁木真最终将这八匹马夺了回来，当一家人看见铁木真带着八匹马安全返回的时候，不由得热泪盈眶。正是草

善于骑射的蒙古族人

成吉思汗陵

原这种近乎残酷的生存环境，把铁木真磨炼成一个钢铁般的人。以后的事实告诉我们，这种不同寻常的生活经历成了铁木真今后统一蒙古、征服世界的宝贵财富。

转眼间，铁木真已经18岁了，按照蒙古人的习俗，已经到了谈婚论嫁的年龄了。铁木真9岁时候就和吉刺部德薛禅的女儿孛儿帖订了婚约。9年后，铁木真来到了吉刺部德薛禅家，德薛禅看到铁木真高大魁梧、英俊潇洒，就放心地将女儿嫁给了他。

铁木真和美丽的妻子孛儿帖生活得幸福而又甜蜜，但好景不长，一天清晨，仇

孛儿帖像

成吉思汗画像

敌篾儿乞部人三百名精锐骑兵在其首领脱
里脱的带领下发动了突然袭击，包围了铁
木真的营帐。孛儿帖被篾儿乞部人掠回了
大营，铁木真侥幸逃了出来，悲愤交加的
铁木真对天发誓要消灭篾儿乞部。但他知
道以他现在的力量根本无法夺回自己亲爱
的妻子，他想到联合他的安答札木合和义
父王罕的部落。

铁木真 11 岁时就与他一起玩耍的札
木合结为"安答"。按照蒙古人习俗结为
安答即成为义兄弟，是生死之交。此时铁
木真有难，札木合义不容辞。王罕是克烈
部的首领，这个部落是当时蒙古草原上最

成吉思汗陵

大的部落。王罕与铁木真的父亲也速该非常要好，也曾结为安答。铁木真结婚后曾送给王罕一件珍贵的黑貂皮袍，王罕非常高兴，收铁木真为义子。这次铁木真有求于王罕，王罕爽快地答应了，并许诺帮他复兴也速该当年的部落王国。

1182年，铁木真与王罕、札木合联合出动四万骑兵，对居住在鄂尔浑河、色楞格河下游一带的篾儿乞部发动大规模进攻。这支联军由札木合统一指挥，王罕的两万骑兵作为右路，札木合的札答兰部骑兵作左路。晚上四万多名骑兵在月光下乘木筏抢渡勒勒豁河，突然袭击了毫无防备的篾儿乞人。数万骑兵呼喊着，从四面八方冲向篾儿乞部大营，他们见篾儿乞男人就杀，见女人、孩子和财物就抢，见蒙古包就放火。脱里脱的营地一片混乱，火光冲天。刚刚从睡梦中惊醒的篾儿乞人，像无头苍蝇一样，在克烈部和札答兰部人的包围圈中抱头鼠窜，哭喊声、求救声、战马嘶鸣声响成一片。

在这次军事行动中，铁木真成功地解救了自己的爱妻孛儿帖。札木合、王罕联军几乎完全消灭了篾儿乞部的兀都亦惕氏

成吉思汗像

成吉思汗的一生

成吉思汗在与篾儿乞部落的战争中大胜，带着爱妻凯旋

族，掳掠了大批妇女、儿童和牲畜，抓到大批篾儿乞男子做奴隶，他们满载而归，返回到各自的营地。

经过这次胜利，铁木真的威望和地位得到了提升，越来越多的蒙古人投奔铁木真而来，他的部落力量也愈来愈强大。在和札木合部落共同生活了一年半后，铁木真不辞而别。他率领着上万人马，从斡难河中游迁回到怯绿涟河上游的桑沽儿河畔，安营扎寨，放牧畜群。铁木真勇敢果断、布施仁义的好名声传遍了整个草原，更多的人向铁木真投奔。大约在1183—1184年间，28岁的铁木真被乞颜氏的几位贵族和各部首领推举为可汗。随后铁木

成吉思汗战车雪雕

真设立军政机构，委任官吏，进一步巩固
了自己在乞颜部的统治。

　　铁木真的迅速崛起让札木合不安。札
木合本来就是一个心胸狭窄的人，他一向
嫉妒铁木真的才能。他无法容忍铁木真比
他强大。为了确保自己在草原上的地位，
1191 年，札木合联合铁木真的仇敌泰赤乌
部、塔塔儿部等十三部三万骑兵，向铁木
真的营地发动大规模进攻。铁木真把本部
人马编成十三翼，与之对抗。两军会战于
答兰巴勒渚思之野。初出茅庐的铁木真缺
乏战争经验，结果战败，几位部将受伤，
不少人被俘。这就是历史上著名的"十三
翼之战"，它是成吉思汗一生中指挥的

六十多场重大战役中唯一失败的一次。

为保存实力，铁木真将余部主动撤退到斡难河畔的哲列捏狭地休整。他不想过多计较与札木合"十三翼之战"的失败，只是大力地发展自己的亲信，积极笼络草原上的各大蒙古部落。铁木真逐渐在草原上树立起自己的威望，许多人投奔到他的麾下。

成吉思汗战马雕塑

1129 年，铁木真决定联合克烈部与金国军队夹攻塔塔儿部，铁木真对塔塔儿部充满仇恨，因为正是塔塔儿人毒死了他的父亲，使他早早地就成了孤儿。为确保作战胜利，铁木真再次请义父王罕出兵相助。铁木真与王罕会师后，沿斡难河谷东进，直逼塔塔儿人仓促搭成的营帐。蒙古骑兵和克烈骑兵轮番冲击，很快就攻破塔塔儿人的营寨，杀死他们的首领篾古真薛兀勒图及其无数部众，缴获不少战利品。塔塔儿人除少数漏网之外，余部不是被杀死，就是当了俘虏。消灭塔塔儿部的战役圆满成功，铁木真率军凯旋。

铁木真回到大营时，惊奇地发现，在他率领大军剿灭塔塔儿部的时候，主儿勤氏部趁机袭击他的营地，并将其洗劫一空。

成吉思汗带领着队伍开始了统一蒙古草原的征途

愤怒的铁木真率领大军马不停蹄地追击主儿勤氏。两军战于阔朵额阿剌勒附近的七道岭。主儿勤氏不堪一击,大部缴械投降。首领撒察别乞和泰出率少数亲信家眷狼狈逃入帖列秃山口。余怒未消的铁木真决定不留后患,挥师冲进帖列秃山口,缴灭了余下的主儿勤氏。

经过这两次重大胜利,铁木真不仅积累了宝贵的作战经验,而且扩充了队伍,培养了一大批人才。铁木真已经具备了统一蒙古草原的实力,一场波澜壮阔的统一战争即将展开。

(二)统一蒙古

铁木真统一草原的战争是从他与王罕的并肩作战开始的。1200年春天,王罕、铁木真率部在萨里川(今克鲁伦河与土拉河上游之间)会师。他们讨伐的第一个目标是泰赤乌部,泰赤乌部的首领阿兀出把阿秃儿感到形势不妙,连忙派人向铁木真和王罕的死对头篾儿乞部求援。两个部落对两个部落的战争开始了,铁木真和王罕的联军将领和士兵们士气高昂,一鼓作气,将泰赤乌部和篾儿乞部打得四处逃散。

经过短暂的休整后,他们开始向下一

辽阔的草原上牛羊
成群

个进攻目标合答斤、山只昆部进发。山只昆部首领采取了主动应战的策略，他们联合塔塔儿、朵儿边、翁吉剌等部组成的联军浩浩荡荡直扑铁木真和王罕的营地。聪明的铁木真早已在他们进攻的路上设下埋伏，当合答斤部的联军进入包围圈后，突然发起进攻，几个回合后，就已大获全胜。

看到铁木真屡战屡胜，实力一天天强大，心胸狭窄的札木合又犯了嫉妒的老毛病。他生怕铁木真的强大影响到自己在草

呼和诺尔蒙古大营内供
奉的成吉思汗牌位

原上的地位，欲再次置铁木真于死地。他知道铁木真这些年打了不少胜战，也得罪了不少部落，要想击败铁木真，就得把他所有的仇敌联合起来，以优势兵力一举消灭铁木真。

1201 年，塔塔儿、合答斤、山只昆、朵儿边、亦乞列思、翁吉刺、豁罗刺罗、乃蛮、古出兀惕、篾儿乞、泰赤乌、斡亦刺、札答兰诸部的首领，在额尔古纳河、根河与得木尔河交汇处的忽兰也儿吉聚会，结成反铁木真大同盟。这支盟军由札木合统率，准备彻底消灭铁木真及其同盟王罕部。札木合的不仁不义让铁木真再也不能考虑安答的情意了。他派人通知王罕，积极准

成吉思汗陵

备应战。

不久两军相遇于赤忽儿忽山、扯克彻儿山和阔亦由一带，铁木真和王罕的部队抢占了居高临下的有利地形，札木合的人马不得不实施仰攻，而此时又下起了暴风雨，山高路滑，对札木合的联军更为不利。铁木真命令弓箭手万箭齐发，冲在最前面的敌人纷纷落马，后面的人见状不好，开始动摇，欲往后撤，无奈山陡道窄，札木合的人马开始自相践踏，坠入深涧者不计其数。铁木真的军队趁机像猛虎一样冲向了敌阵。反铁木真大同盟顷刻间土崩瓦解，铁木真再一次用胜利证明自己是战争史上少有的天才。

成吉思汗用一次次胜利证明自己是战争史上少有的天才

成吉思汗的一生

成百思汗战马雪雕

经过这次战争，铁木真认识到要想统一蒙古草原，必须各个击破，逐个消灭分散的部落。在各大部落中泰赤乌部相对较弱，只要消灭该部几个顽固的头目，就很容易把该部所属百姓争取过来。铁木真的部队顺斡难河谷而下，没过两日就到达泰赤乌部人居住的地域。泰赤乌部的头目阿兀出把阿秃儿临时拼凑了一支军队，准备应战。铁木真将部队分为十路向敌阵中冲去。在这次战斗中，铁木真中了敌人的毒箭，幸亏铁木真的忠诚爱将者勒蔑的精心照顾，才死里逃生。三天后，铁木真的大将带领大队人马，迅速包围了逃到山窝里的泰赤乌人的残部。他们杀声震天，从四面八方杀向泰赤乌人。按照铁木真的命令，他们杀死了泰赤乌部那些顽固对立的贵族首领，收编了他们的百姓。

1202 年春天，铁木真开始征服塔塔儿人。他永远忘不了塔塔儿人给他们母子带来的痛苦，正是塔塔儿人毒死了他的父亲也速该，让年幼的他成了孤儿，因此乞颜部和塔塔儿部有不共戴天的仇恨。

当时塔塔儿部分为六个部落，每一部都有自己的军队和首领。虽然经过前几次

成吉思汗在草原上历经数次征战，终于打下了一片江山

的交锋，塔塔儿部受到很大的削弱，但力量仍然不容低估。铁木真估计到这将是一场艰苦的战争，因此做了周密的备战。

1202年夏天，铁木真率主力部队向答兰捏木格思地区进军，博尔术、木华黎、博尔忽、赤老温、者勒蔑、哲别诸将护驾亲征。铁木真指挥的军队首先在答兰捏木儿格思之地击溃了塔塔儿四部仓促组成的联军，接着展开多路追击，在阿勒灰河和失鲁格勒只惕河一带将其包围，经过一昼夜的激战，将其全部消灭。

塔塔儿部已经毫无抵抗的力量，铁木真真正应该考虑的是如何处理众多的战俘和平民百姓，铁木真最后决定把身体高于车辖的塔塔儿男子全部杀死！铁木真为这一愚蠢的决定付出了沉重代价。剿杀塔塔儿百姓的部队遇到了最顽强的抵抗，死伤惨重。

铁木真要统一蒙古草原的趋势日益明显，草原上剩下的几个部落极度恐慌。王罕的儿子桑昆在札木合的怂恿下决定先发制人，他召集自己的亲信将领及札木合、阿勒坛、忽察儿、答里台等人，夜里开会，商讨对铁木真作战的行动计划。他们最后决定偷袭铁木真的金帐，来个擒贼先擒王。

如今的蒙古族人享受着宁静祥和的草原生活

成吉思汗陵

蒙古战马骑兵铜像

不料桑昆的作战计划被牧马人巴歹和乞失里黑听见，他们连夜把这个消息告诉了铁木真。

铁木真知道后非常震惊，他的将领和人马为便于放牧，平时都分散驻扎，彼此相距较远，现在集结起来已经来不及了。铁木真只好带着他本部的五千人向东撤退。桑昆知道后，立刻派先遣部队追击，他们轮番换马，马不停蹄，紧紧追赶铁木真的人马。王罕知道桑昆已和铁木真撕破脸皮后，虽然很不愿意和铁木真为敌，但事已如此，他只好站在儿子这边加入到战斗之中。

成吉思汗战马铜像

在先遣部队的引领下，桑昆、王罕和札木合等人率领主力部队也追上了铁木真，在卯温都儿山两军相遇。王罕将军队编成五个梯队，轮番攻击铁木真的阵营。铁木真面对数倍于自己的敌人毫不畏惧，他命令术赤台率兀鲁兀惕军，畏答儿率忙忽惕军，迎战王罕的第一梯队。两人带队左右夹击，不到两个回合，就把王罕的第一梯队杀得一败涂地。术赤台、畏答儿越战越勇，乘胜攻击王罕的第二梯队，将其击溃。战斗中，畏答儿被敌人第二梯队指挥官阿赤黑失伦刺中一枪，险些丧命。术赤台担任两部总指挥，继续苦战，击败王罕的第三、第四梯队。桑昆眼见四个梯队

成吉思汗陵

成吉思汗陵塑像

都败下阵来，情急之下，不等王罕发令，即率中军左右两翼发起冲击。铁木真见王罕父子开始冲锋，即命令所有箭手，瞄准冲在最前面的敌人，实施三次齐射，然后全军转入反冲锋。

战斗进行得极其惨烈，桑昆中箭受了重伤，铁木真的部队也损失过半，天黑后不得不停止战斗。铁木真的部队没有被彻底消灭但也无力再战，趁着天黑撤往呼伦贝尔草原。王罕忙于照顾受伤的儿子，也

无心再战，退回了营地休整。

为确保安全，铁木真把部队开到捕鱼儿海子（今贝尔湖）一带，失散的人马陆续归队，没来得及联络的部队知道消息后也向这一地区集结。经过一个夏天的休整，铁木真的部落恢复了昔日的战斗力，重新掌握了战争的主动权。

1206 年，成吉思汗成为草原上唯一的主人

1204 年，铁木真率领大军包围了王罕的大营，凌晨时各路军队发起了总攻。睡梦中醒来的王罕父子，仓促应战。战斗持续了三天三夜，克烈部人员伤亡惨重，疲惫不堪，突围又无望，余部纷纷缴械投降。王罕、桑昆带着几名亲信，在合答吉指挥的只儿斤氏突击队掩护下，乘夜色逃往乃蛮部，结果王罕被乃蛮部的边防军当作间谍斩杀，桑昆从乃蛮部逃到西夏，后辗转至吐蕃部，最后被畏兀儿的地方酋长杀死。至此，克烈部被彻底征服。

现在草原上能和铁木真对抗的只剩下乃蛮部了，他们之间的战争迟早会到来。1204 年，两军相遇于杭爱山，铁木真的军队如秋风扫落叶一般，将乃蛮部一举消灭。又经过一年的征战，铁木真最终完成了统一蒙古草原的大业。

1206 年，45 岁的铁木真已经成为草原上唯一的主人，这一年蒙古各部推举他为成吉思汗（意为天帝所封，世界上最伟大的汗），蒙古草原的历史开始了新的一页。

（三）对外征服

成吉思汗统一了蒙古草原各部，建立了统一的大蒙古国，结束了蒙古族各部之间的内战。现在，成吉思汗拥有一支总数超过十万人的常备军队。这里有九十五个千户的九千五百人的军队，还有一万人的精锐护卫军。草原上再也没有能和他抗衡的敌人了，于是这位征服者的目光投向了

成吉思汗建立了统一的大蒙古国

成吉思汗陵

中原乃至世界。

金朝在大蒙古国南边，它是由女真人建立的国家，鼎盛时期曾统治了大半个中国。成吉思汗统一蒙古之前，蒙古人很长一段时间臣服于金朝，许多蒙古人受女真人的奴役。为了清洗昔日的耻辱，成吉思汗决定南征金朝。

勇猛的蒙古将士

在进攻金朝之前，蒙古人三次出征西夏，迫使西夏彻底臣服于蒙古，从而解除了南征金朝的后顾之忧。1211年春天，成吉思汗按计划动员蒙军十五万精锐部队，南下攻金。蒙古军南渡怯绿涟河，穿过漠北草原，越过塞北的沙漠和戈壁，翻过阴山，开往靠近金国西北部边境地区的牧场驻扎，他们在这里度过了一个夏天。

秋天很快到了，蒙古军兵强马壮，士气昂扬。成吉思汗兵分两路，开始大举进攻金国：东路十万人由他亲自指挥，向金国首都中都（今北京）方向进攻；西路五万人由术赤、察合台、窝阔台三兄弟指挥，向金西京（今山西大同）方向进攻。

东路军进攻异常顺利，接连攻下金国长城外的几处要塞城垒，迅速攻破了拱卫金都的第一道防线。惊慌失措的金国皇帝立刻任命完颜执中为招讨使，动员四十万大军开赴西北战场抵抗蒙古军。以十万抵抗金兵四十万，成吉思汗再一次创造了军事史上的奇迹，野狐岭一战，金国四十万精锐部队几乎全军覆灭，元气大伤。与此同时，西路军也取得了辉煌战果，一路杀入西京，势如破竹。

冬季即将来临，经过一个秋天的征战，蒙古军马已相当疲惫，于是成吉思汗带着掳掠的大批百姓、牲畜和财物，撤回漠北草原。接下来的几年里，成吉思汗又对金朝发动了几次大规模的征讨。就在蒙古军即将攻下金朝时，一份情报打断了成吉思汗的攻金计划，他的仇人脱脱里的三个儿子还活着，而且盘踞在西部垂河一带，招集游民，发展势力，准备东山再起。卧榻之侧，岂容他人鼾睡，铁木真马上派大将速不台前去剿灭，一场追杀仇敌的行动很快演变成一次大规模的蒙古人西征。

速不台很快包围了脱脱里的三个儿子，并将他们和所属部族全部屠杀。从这次远征中铁木真获悉曾经的乃蛮部首领太阳汗的儿子屈出律也活着，他逃到了西辽并篡夺了西辽的大权。在强大的军事实力

花刺子模遗址

成吉思汗陵

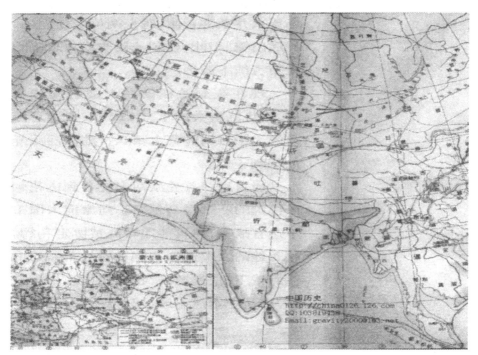

蒙古帝国势力范围图

下，西辽国很快被吞并，屈出律遭斩首。西辽并入大蒙古帝国的版图，蒙古的西部边界开始与另一个中亚强国花剌子模接壤。

早在1215年，成吉思汗派使节到花剌子模王国，缔结通商贸易协定。当成吉思汗的商队至讹答剌（今哈萨克斯坦奇姆肯特西北），当地总督亦难出见财起意，污蔑蒙古商队为间谍，将他们杀死并侵吞商品与骆驼。成吉思汗为集全力攻金，避免中断贸易，争取和平解决，派出使臣，致书花剌子模国王摩诃末责其背信弃义，要求交出凶手。可摩诃末拒绝要求并杀害正使，剃光两位副使胡须，押送出境。至此，花剌子模与成吉思汗的大蒙古结下冤仇。

现在花剌子模就在大蒙古国的旁边，报仇的机会到了。1219年，成吉思汗亲统二十万精锐蒙古骑兵，浩浩荡荡开往花剌子模。

成吉思汗首先派两名使者到达花剌子模国的新都撒马尔罕，向摩诃末国王下达宣战书，谴责他违背商贸协定和约。接着他的大军进抵花剌子模最东面的讹答剌城下，全军散开，将该城里三层外三层，围了个水泄不通。双方经过近五个月的厮杀，讹答剌城的外城被烧毁，粮草供应开始紧

花剌子模钱币

成吉思汗陵

张，满城军民人心惶惶，蒙古军趁机发起了总攻，血洗讹答剌城后，将其付之一炬。

1220年，在炮军、弩兵和工程兵的配合下，成吉思汗指挥蒙古军先后攻陷花剌子模国的新都撒麻耳干旧都玉龙杰赤，给摩诃末统治集团以毁灭性的打击。为了斩草除根，以绝后患，成吉思汗命令哲别、速不台和脱忽察儿各领兵一万，追击西逃的摩诃末国王。他们穿过呼罗珊地区，经今伊朗和伊拉克境，一直追到祃椊答而（伊朗里海南岸省名）境内。走投无路的花剌子模国王在里海的一个小岛上忧愤而死，他的母后、嫔妃和子女成了蒙古军的俘虏。

撒马尔罕古建筑

成吉思汗的一生

元太宗窝阔台像

1221 年到 1224 年年初，哲别、速不台按照成吉思汗的命令进军钦察，扫荡残敌。他们迅速击败波斯人、高加索人、钦察突厥人和斡罗思（俄罗斯）人，席卷了阿塞拜疆、谷儿只（今格鲁吉亚）、斡罗思南部、克里米亚和波斯西北部，于 1224 年经里海北东还。

哲别和速不台部在钦察征战的同时，成吉思汗与儿子察合台、窝阔台和拖雷正与花刺子模新国王札兰丁角逐于南面哥疾宁城。几回拼杀，札木兰自知无力抵挡蒙古人的反攻，便主动放弃哥疾宁城，逃往印度。1222 年春天，成吉思汗派八刺、朵儿伯多黑申率两万骑兵渡过申河，进入印度境内，追击札兰丁。八刺、朵儿伯多黑申攻掠了许多城镇，没有发现札兰丁的踪迹，后因忍受不了印度的酷热，只好班师回营。

成吉思汗清除完花刺子模的残余势力后，认为西征花刺子模的战争目的已经达到，决定班师东归。1223 年春天，成吉思汗踏上归途，一路上且行且牧且猎，避暑避冬，走走停停，直到 1225 年春天才回到蒙古草原。

二、成吉思汗之死

（一）最后的日子

成吉思汗返回了蒙古草原，征服者的天性却让他坐卧不安，休息整顿还不到一年，成吉思汗又扬起马鞭准备开始再一次征服，而这次征服的对象是西夏。

在我国历史上，西夏是同金、南宋并列的封建王朝，其统治范围大致在今宁夏、甘肃、新疆、青海、内蒙古以及陕西的部分地区，其疆域方圆数千里，东近黄河，西至玉门，南界萧关（今宁夏同心南），北控大漠，与成吉思汗的大蒙古国接壤。蒙古人西征之前，就对西夏有过征服，迫使西夏人称臣纳贡。1219 年成吉思汗准备西征花剌子模时，派使者去西夏要求出兵，这本来是作为臣属国的西夏应尽的义务，然而西夏人不仅拒绝出兵，还对蒙古人冷嘲热讽。一位叫阿沙敢不的西夏大臣极其傲慢地对蒙古使者说："成吉思汗既然自己没有足够的力量去征战，那他就不配作大汗。"

成吉思汗知道后，非常生气，这种傲慢对一个战无不胜的征服者来说是不能容忍的。但这次蒙古人正准备和花剌子模决战，为了不打乱原有计划，成吉思汗决定

萧关石碑

成吉思汗陵

美丽的蒙古草原

暂时咽下这口气。他对天发誓说："倘若我得到长生天的保佑，能顺利凯旋，必将找西夏人报仇雪恨。"

现在，成吉思汗西征已经凯旋，花剌子模已被彻底消灭，向西夏复仇的时候到了。1226年春，在蒙古草原休整的成吉思汗再也坐不住了，在爱子窝阔台、拖雷和宠妃也遂的陪同下，亲征西夏。

这次远征一开始就不那么吉利，成吉思汗率领大军行至阿尔不哈，一块空阔荒凉的空地出现在他们眼前。这片空地南北方向依次穿插着长条的沙堆，沙堆与沙堆之间是平坦的草原和牧场，这片空地的东边是高大的山脉，山脉的西北坡不时能看见野马野驴奔跑。见此情景，60多岁的成吉思汗按捺不住蒙古人狩猎的天性，扬鞭策马，同手下人冲向了山坡。成吉思汗为这次草率付出了代价，在围猎一群野马时，他骑的红沙马受到了惊吓，马的前蹄腾空而起，毫无防备的成吉思汗从马上重重地摔了下来。

众部将马上将他搀扶了起来，成吉思汗疼得嘴唇发紫，大军马上停止狩猎，就地安营扎寨。第二天，也遂夫人把亲王和大将叫到跟前，告诉他们说，大汗昨夜神志不清，高烧不退，让他们商议对策。大将脱仑扯尔必建议说："西夏人属于定居民族，他们不像我们游牧民族那样可以随时迁徙，大汗应先回蒙古养伤，等伤病好

成吉思汗按捺不住狩猎的兴奋之情，扬鞭策马，带领手下冲下坡去

成吉思汗陵

了再消灭他们也不迟。"将领和亲王大多数都赞同脱仑扯尔必推迟远征的建议，但从不言败的成吉思汗不想给西夏人留下不战而退的笑柄。成吉思汗先派了一位蒙古使者到西夏，给西夏王的口信说："你曾经发誓做我的左膀右臂，我按照你的意思，在西征的时候邀请你出兵从征，你除了拒绝出兵还冷言相讥。当时我忙于西征，推迟了复仇，今天我凯旋，到了向你报仇的时候了。"

蒙古族赛马

听了这最后通牒式的口谕，西夏王十分恐慌，忙说："这种讥讽之言，并非出自我口。"昔日得罪成吉思汗的西夏大臣阿沙敢不又一次不自量力地说："讥讽的话是我说的，现在蒙古人想同我军作战，我们有贺兰山的营地，让他们来吧，可到贺兰山一决雌雄。"

这些话彻底激怒了成吉思汗，他不顾伤病在身，决意将这场征战进行到底，他经常对部下说："他们如此口出狂言，我们怎能退兵？即使是死也要报仇雪恨！"1126年3月，蒙古军从弱水攻入西夏，弱水发源于南山，流经地区多是戈壁沙漠。蒙古军首先攻占了进入西夏的门户

弱水河风光

额济纳城，然后从弱水河谷入河西走廊。1126年夏天，成吉思汗屯兵于附近山区，在那里避暑。同年冬，蒙古军东进破梁山，进至黄河畔的应理市。应理位于西夏首都兴庆城以南约一百里处。蒙古军所到之处大肆烧杀掠夺。

1226年年底，成吉思汗率军围攻灵州，这个地方被蒙古族史学家称为朵尔蔑该城，它离西夏首都兴庆城约三十公里，同兴庆城分属黄河两岸。西夏从兴庆城派出援军，试图解灵州之围，成吉思汗与这支援军相遇于一片布满沼泽的平原上。这里有黄河泛滥时形成的沼泽地，在寒冷的冬季冻得像铁一样硬实。一场激烈的厮杀后，西夏援军被击溃，蒙古军血洗了灵州城。

失去了西部屏障，兴庆城岌岌可危。可成吉思汗似乎不急于攻下兴庆城，1227年年初，成吉思汗留下一支军队继续围攻兴庆，自己率领大军逐个征服黄河上游各地。二月初，大军向兰州西南约一百公里处的河州推进，这是中原与西藏交界处一块很偏僻的地方，从这里往西可到今天的西宁，当时西宁周围地区都是些荒凉的地区。但这里却是通向西藏和拉萨的商路咽喉之地。1227年3月，蒙古铁骑轻易就攻下了西宁，接着他率领大军又转战到今天

成吉思汗率领大军逐个征服黄河上游各部落

成吉思汗之死

甘肃境内的六盘山。五月底，成吉思汗重登六盘山避暑，此后下山，来到六十公里外的清水县。自上一年狩猎摔伤，再加上过度劳累，成吉思汗的伤一直没有彻底康复。身边的将领、亲王看到成吉思汗一天天衰弱下去，他本人也越来越感到体力不支。现在对成吉思汗来说，最重要的就是赶快看到蒙古军攻下西夏首都兴庆城的那一天。

西夏黑水城遗址风光

事实上，被紧密包围的兴庆城离彻底陷落已经不远了，西夏国主李现要求蒙古军给他一个月的时间准备投降，以此来推延时间。6月上旬，李现再难以为继，决定投降。他带着丰盛的礼物到蒙古军营中觐见成吉思汗。他虽表示屈服称臣，但最终也没能见到成吉思汗，最多只是在成吉思汗的大帐门前停留了一会。实际上，成吉思汗并未亲自接见西夏主，当时，他的病情已经恶化，举行接见仪式时，很可能不在现场，这只不过是蒙古人导演的一场戏而已。

成吉思汗在病痛的折磨下一天天瘦弱下去，他自己也感到大限将至，不久于人世。他的背后是一个经过自己一生拼杀刚

成吉思汗长子术赤塑像

刚建立起来的蒙古大帝国，他的诸子中要由一个人来执掌帝国的汗位，这将关系到帝国的未来，也关系到成吉思汗尚未完成的宏图大业能否顺利实现。在生命的最后几个星期里，成吉思汗认真思考着继承问题。

成吉思汗有四个虎子，个个英勇果敢，能征善战。长子术赤跟随成吉思汗南征北战、屡立奇功。1219 年，他从父西征，受命与察合台、窝阔台留军围讹答剌。城破后，术赤进至撒马尔罕与成吉思汗会合。此后又与察合台、窝阔台攻陷花剌子模都城玉龙杰赤城（今土库曼斯坦乌尔根奇）。玉龙杰赤城陷后，术赤径返其在也儿的石

成吉思汗次子察合台
塑像

河旁辎重所在驻地。成吉思汗分封诸子，术赤作为长子，封他最西，所有海押立以西征服地区均属于他，后建立起钦察汗国。1223年，成吉思汗东还时，术赤称病，未入觐。有人告发他正在围猎，成吉思汗怀疑他背叛，曾一度打算发兵亲征。但就在六个月后，传来术赤病死的消息。成吉思汗怀着巨大的悲痛，彻底原谅了儿子。

另外的三个儿子中，次子察合台留守蒙古，当时并不在西夏战场。成吉思汗把随征的窝阔台和拖雷叫到身边，让其他人都在帐外等候。他秘密地叮嘱着这两个最喜爱的儿子说："我的儿子们，父亲将不久于人世，凭借长生天（蒙古人崇拜天，

成吉思汗四子拖雷塑像

成吉思汗戎马一生，建立了
庞大的蒙古帝国

把天尊称为长生天）的帮助下，我已经为你们建立了庞大的蒙古帝国，从我帝国的中央到四方任何一边界都需要一年的行程。如果你们想让帝国不至于瓦解，就必须同心同德、一致对外，这样才能为你们的亲人朋友增加富贵。我死后，由窝阔台继承大位，你们不得违背我的遗命。察合台不在身边，不能使他产生离乱之心。"

弥留之际，成吉思汗仍然念念不忘蒙古人的征战事业。当时，西夏只剩下一座孤城，彻底征服已经毫无悬念。同蒙古人世仇的金朝皇帝固守着河南，其统治中心开封可以说是固若金汤。病榻上的成吉思

成吉思汗陵

潼关风光

汗经过深思熟虑，向小儿子拖雷及重要将领秘授了攻取开封的策略，他敏锐地看到：金国的精锐固守潼关，而潼关南据华山，北有黄河，很难攻破。如果从这里进军，很难取胜，所以蒙古军应借道宋朝，宋朝同金国世代为敌，必然同意。从宋境进入河南南部，然后可直取开封。到时，金国必然会调集潼关的精锐支援开封，数万军队千里赴援，即使勉强按时赶到开封，也必定疲惫不堪，不攻自破。如果用这种战略，攻取开封就变得容易。这是成吉思汗戎马一生的最后一个作战计划。六年后，拖雷率领众将领按照成吉思汗的作战计划顺利地攻下了开封，足见成吉思汗之雄才

蒙古包内供奉的成吉思汗像

大略。

　　此外，成吉思汗还考虑到，如果西夏人知道自己病故，可能会拒绝投降。他要求死后秘不发丧。成吉思汗痛恨西夏人，正是他们的背信弃义与狂妄自大让他带病出征。因此，他下令一定要血洗兴庆城，城中不分男女老少一律斩尽杀绝。窝阔台

成吉思汗陵

继承汗位、借道中原攻取金国、死后秘葬，这就是历史上著名的成吉思汗临终前立下的三大遗嘱。

（二）生死之缘——阿尔寨石窟

1227年八月二十五日，蒙古军即将攻陷西夏最后一个据点兴庆城的时候，成吉思汗病逝于六盘山下的清水县，享年66岁。由于成吉思汗死后很长时间秘不发丧，致使后人对成吉思汗的真正死因有了众多的猜测。从现有的历史文献来看，就有诸种说法：

《蒙古源流》的说法是，成吉思汗的军队在进攻西夏的过程中，俘获了年轻貌美的西夏王妃古尔伯乐津郭斡哈屯，并把她敬献给成吉思汗，就在陪寝的当晚，这位西夏王妃乘成吉思汗放松警惕的时候刺杀了他，然后自己投河自尽。《蒙古源流》成书于1662年，作者为蒙古族著名历史学家莎囊彻辰。1776年蒙古喀尔喀部亲王成衮扎布将此书作为礼物进献给乾隆皇帝。此书是一部珍贵的蒙古编年体史书，具有很高的史料价值。因此，"美女刺死"一说也不能轻易否定。

《马可·波罗游记》的说法是成吉思汗

《蒙古源流笺证》

马可波罗塑像

死于箭伤。《马可·波罗游记》是著名的中外文化交流的三大传记之一，作者马可波罗是 13 世纪的意大利商人、旅行家。他随同父亲和叔叔从威尼斯出发途经中东、东亚来到中国大都，受到了蒙古大汗忽必烈的热烈欢迎。马可·波罗经常与蒙古上层接触，在中国生活了十七年之久，对中国的历史文化有相当的了解。他的游记中记有成吉思汗的死因，书上说成吉思汗在围攻太津（吉州，古要塞）时，膝盖部不幸中了西夏士兵射来的毒箭，由于没能及时治理，毒气攻心，不治而亡。成吉思汗戎马一生受过多次箭伤，比如 1202年的奕坛之战，1212 年的攻西京之战时都曾经受过箭伤，所以成吉思汗死于箭伤的可能性也很大。

成吉思汗死因的诸多说法中，最为离奇的是"雷击说"。13世纪，一名葡萄牙人奉罗马教廷使命出使中国。两年后回国，向教皇提交了题为《被我们称为鞑靼的蒙古人的历史》，这份报告提到成吉思汗很可能死于雷击。约翰·普兰诺·加宾尼在蒙古国发现夏天的雷电经常伤人，蒙古人害怕雷电，迷信地认为："上天以雷电警告不孝者。"而成吉思汗母亲的去世与成吉思汗有关，因此，有不孝之嫌的成吉思汗对雷电尤为害怕。或许真是受到了上天的惩罚，1227年夏天，成吉思汗误入雷区，被闪电击中而死。这种说法主观猜测性太强，不足为信。

这些猜测都有一定的依据，不能轻易否定。成吉思汗生命的最后日子里到底发生了什么？历史的真实又是怎样？我们只能从留存至今有关成吉思汗的传说和历史遗迹中寻找答案，可是那些流传在蒙古人中古老的传说和草原戈壁上的残破的历史痕迹到底想要告诉我们什么呢？

史书记载成吉思汗是在阿尔不合围猎

马可波罗像

成吉思汗之死

受伤的，然后到朔斡儿合惕养伤。阿尔不合是今天的什么地方？朔斡儿合惕又在那里？很久以来众说纷纭。直到20世纪八九十年代，随着鄂尔多斯阿尔寨石窟遗址的发现，才使史书中只言片语的记载和古老的民间传说联系在一起。

阿尔寨石窟坐落在一望无际的鄂尔多斯高原上，屹立于高约80米、宽约300米、状似平台的红砂岩小山——苏默图阿尔寨山上。它由阿尔寨山山体周围凿有的众多石窟组成，当地老百姓称其为"百眼窟"。阿尔寨山上原有寺庙建筑，至今仍有六处遗址；环山凿有六十五座石窟，坍塌或被风沙掩埋的有十八座，目前较完整的尚有四十三座；山周围岩壁上刻有大小浮雕佛塔二十二座。阿尔寨石窟始凿于北魏中期。西夏时已有相当规模，石窟洞顶的许多莲花图案，正是西夏流行的纹饰。西夏灭亡以后，这里被蒙古人占据，蒙古人在继续修造石窟的同时，在山顶上新建寺庙，使阿尔寨石窟兼有礼佛、祭祀和住人的三重功能。明朝万历年间，由于藏传佛教在蒙古人居住地区的盛行，阿尔寨石窟再度得到扩建，明朝末年，山顶庙宇和许多石窟

阿尔寨石窟景观

成吉思汗陵

阿尔寨石窟

被毁弃。阿尔寨石窟的历史记载从此销声匿迹。

仔细观察不难发现，阿尔寨石窟在不同的历史时期都凿有洞窟，但西夏时期挖凿的最多。蒙语"朔斡儿合惕"汉意为"多窟汇聚的地方"，因此有专家认定阿尔寨石窟就是当年的"朔斡儿合惕"。但当时的西夏有很多石窟。"多窟汇聚的地方"不一定指的就是阿尔寨石窟。但蒙古族的一个久远的传说似乎隐隐约约告诉世人，阿尔寨石窟就是"朔斡儿合惕"。

阿尔寨石窟第十号窟，相传这就是当年成吉思汗养伤的地方，走进这座石窟，你会发现它确实与其他石窟不同。洞口的四壁非常厚，可以安上两道门，使本来就

阿尔赛石窟石碑

冬暖夏凉的窑洞保温性能更好，而且更安全。洞内四壁都有一道石坎，可以搭架木板，不易受潮。通过两道洞门进入洞内，即可直接上床，非常方便。按当时的条件，一个受伤的人住在这里要比住在蒙古包里舒适得多，石窟门前矗立着一杆苏勒德神

成吉思汗陵

矛。那是成吉思汗大军的守护神、军旗。石窟左侧的石崖上还有两个竖槽，传说是成吉思汗养伤时坐着练习射箭的地方，现在两道石槽经风雨侵蚀，已磨损很严重。

住在当地的一位蒙古族老人说，他们是跟着成吉思汗的队伍过来的，此后祖祖辈辈生活在这里。阿尔寨山上的敖包，他们从七百多年前一直祭祀到今天。他还说，过去阿尔寨石窟一代是禁区，一般人是不能到这儿割草放牧，更不准在附近居住的，因为他们一直相信这是当年大汗坐过的地方，

此外，在阿尔寨石窟的东南方向，大约二十多公里的地方。一片洼地里，散布着七十多眼水井。俗称百眼井。百眼井，蒙语称"敖楞瑙亥音其日嘎"，用汉语讲就是"众狗之井"。在这里也有一个古老的传说，传说这是成吉思汗征灭西夏时为众多猎狗打下的。成吉思汗大军征灭西夏时，秋冬时节驻军阿尔巴斯地区，众多的人马需要水喝。相对集中的驻军需要相对集中的水源。百眼井很可能是成吉思汗驻扎过大军的地方。百眼井并非是成吉思汗大军所挖。而是在成吉思汗驻军以前就存

阿尔寨石窟遗址

成吉思汗之死

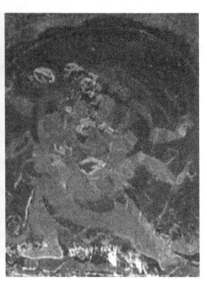

阿尔寨石窟壁画

在了，在百眼井附近，还有一片原始广袤的草场。草场内有一座敖包，名为"白音敖包"，这是祭祀成吉思汗两匹骏马的地方。成吉思汗走了，他的神勇坐骑也跟着走了，这座敖包下，传说就埋葬着那两匹骏马的马头。在白音敖包的东北大约五公里的地方，还有一处人工挖掘的水池遗迹，传说这是成吉思汗当年驻军挖下用于积蓄雨水的饮马池，现在每逢大雨，池内仍然可以积蓄到很多雨水，当地牧民仍然经常修理利用它，由此看来，说阿尔寨石窟就是朔斡儿合惕是有道理的。既然阿尔寨石窟就是朔斡儿合惕，那么阿尔巴斯地区就是阿尔不合。

从历史记载、民间传说和历史遗迹三方面相互论证，历史的事实似乎是成吉思汗在阿尔不合即今天的鄂尔多斯阿尔巴斯地区围猎受重伤，身体还没彻底康复就带兵出征西夏，结果病逝于军中。如果真的是这样，阿尔寨石窟就同成吉思汗结下生死之缘。这里不仅是成吉思汗养伤疗疾的地方，也是他策划灭除西夏军事方略的重要场所。作为成吉思汗晚年活动的重要遗址，阿尔寨石窟的历史价值是无与伦比的。

三、寻找成吉思汗陵

依靠骆驼寻找成吉思汗坟墓的
说法并不十分可信

（一）成吉思汗的安葬地之谜

同成吉思汗死因之谜相比，他死后真身的安葬之地更是谜中之谜。

成吉思汗死后，他的家眷和大臣们严格遵循成吉思汗生前秘不发丧的遗诏，将他的遗体按照蒙古人的独特习俗悄悄埋葬了。首先他们在地表挖一深坑，将装有成吉思汗遗体的独木棺下葬，用土回填。然后，蒙古军又出动上万匹马，在墓地上来回奔跑，将墓地踏为平地，随后为首的将领命令八百名士兵将造墓的一千名工匠，全部杀死，而后这八百名士兵也遭到灭口。最终，成吉思汗的安葬之地这一天大的机密，被带进了坟墓。

成吉思汗陵

据说蒙古人密葬完成吉思汗后，还要在墓葬地当着一头母骆驼的面杀死她的一头小骆驼，第二年来祭祀的时候，把这头母骆驼牵来，在杀死小骆驼的地点，母骆驼就会悲痛地哀鸣。这样，前来祭祀的人就能找到墓葬的确切地点。但有人对依靠骆驼寻找祖宗坟墓的说法表示怀疑，他们认为这是建立在封建时代汉族统治者对蒙古民族的歧视和排斥的基础上的荒谬论调。骆驼是一种牲畜，它的寿命不会比人的寿命更长，依靠骆驼寻找坟墓的说法并不可信。

多年来人们不断地猜测成吉思汗陵墓的具体位置，形成了多种说法，一种说法是在蒙古国的杭爱山或肯特山，因为成吉思汗生前的某一天，曾经在肯特山的一棵树下静坐长思，而后突然起立对周围的人说，我死后就葬在这里。而一位南宋文人的笔记也提到，成吉思汗当年病逝于宁夏，遗体运往肯特山密葬。一种说法是在新疆北部的阿勒泰山，据说考古学家在当地清河县三道海附近发现了一座人工改造的大山，有可能是成吉思汗的陵墓。一个佐证是此山的山势、山形与中国古代君王挑选

有的说法认为成吉思汗死后被安葬在一棵树下

寻找成吉思汗陵

墓地所依据的风水术相符。更有力的证据是《马可波罗游记》中有这样的记载："在君主的灵柩运往阿尔泰山的途中，护送的人将沿途遇到的所有人，作为殉葬者。"还有一种说法是在宁夏的六盘山，考古专家认为，当时正值盛夏，按照蒙古人的习俗，为了让成吉思汗的灵魂尽快升入天堂，尸体必定在三天之内处理，或者天葬，或者火化，或者土葬，成吉思汗死后就地安葬的可能性很大。但是有人提出质疑，当时六盘山周围地区，蒙古军和西夏军正在激烈地征战，蒙古人绝不会将他们备受尊崇的圣主安葬在一个兵荒马乱、战乱频仍的地方。那么成吉思汗究竟安葬在那里呢？

关于成吉思汗死后的安葬方式，历来众说纷纭

蒙古族历史著作中《蒙古秘史》中，关于成吉思汗的丧葬记载，只有简单的一句话："亥年成吉思汗升天矣。"记载蒙元史的主要著作《元史》对成吉思汗安葬地的记述也只有短短的两句话："帝崩于萨里川哈老徒之行宫，葬起辇谷。"

起辇谷在哪里，翻遍中国的历代史书也找不到这样的地名，起辇谷肯定是个假名。但"帝崩于萨里川哈老徒之行宫"的说法，似乎告诉人们这个地方就在蒙古高原斡难河、怯绿涟河和土兀剌河源头的山区。起辇谷这个假名不可能是修史者信手拈来，它很可能是一个隐语，隐藏着成吉思汗墓葬地的某种秘密。

"辇"是古代帝王坐的车，"起辇"就是帝王战车的出发地。有人说这个出发地，就是成吉思汗在三河之源的出发地，成吉思汗很可能就安葬在现在蒙古国肯特山区的某个山谷里。但如果真是这样，按当时的交通条件，运送成吉思汗灵柩的勒勒车，最少走一个月才能到达蒙古高原，时值阴历七月，烈日依然当头，他的肉身

蒙古草原风光

成吉思汗陵

不可能被拉回去。

我国的一些专家和学者猜测，成吉思汗的安葬地应该在内蒙古的鄂尔多斯。据说成吉思汗的那个时代，鄂尔多斯水草丰茂、风光宜人。成吉思汗觉得这是一个人间天堂，希望自己百年之后，能够长眠于此地，人们于是就按照他的遗嘱，把他葬在这里。今天，当我们重新考察鄂尔多斯地区的时候，发现在阿尔巴斯山的北端，山脚下有一条山洪冲成的河沟，当地人叫它"其额勒"，汉名译为"千里沟"。紧靠"其额勒"沟的高地叫"宝特高西力"，汉语的意思是"驼羔梁"，当地的蒙古人认为成吉思汗就是在这里秘葬的。"驼羔梁"的北边及东北方向，原来是一大片绿荫如毯的草地，辽阔而美丽。据说数百年前，这片草地上还有河流和湖泊。草地以北，又有一道高梁，蒙名叫"宝日陶勒盖"。鄂尔多斯的阿尔巴斯距灵州的直线距离约为二百公里，是从灵州到木纳山嘴回归漠北的必经之地。成吉思汗去世的时候，蒙古大军占领阿尔不合及阿尔巴地区已经一年，这里又一直是西夏王朝统治的薄弱地区，成吉思汗离开战区，回归的路上在这

鄂尔多斯水草丰茂，风光宜人

里去世秘葬也不是没有可能的。成吉思汗从这里进军贺兰山时，已经受伤，不能骑马，只能乘车，说"起辇谷"是在这里，也是能说得过去的。

（二）神秘的丧葬图

近年来由于在阿尔寨石窟一幅"丧葬图"的发现和研究，越来越多的人们相信，鄂尔多斯就是成吉思汗最终的长眠之地。

"丧葬图"位于阿尔寨石窟第三十一窟中，由于年代久远再加上屡遭破坏，石窟的壁画几乎面目全非。"丧葬图"虽然也遭到破坏，但其内容和形象仍依稀可辨。从发现它的那刻起，这幅丧葬图就是许多专家和学者研究和争论的焦点。首先是这幅壁画产生的年代问题，从洞窟和壁画风格来看，都属于西夏晚期的作品。石窟中的"丧葬图"，根据佛像的绘画特征和造像特征，许多专家一致认为，它属于蒙元时期的作品。但也有少部分人认为它可能是明朝时期的作品。

现在让我们来仔细看一看这副神秘的"丧葬图"。"丧葬图"分六层，每一部分用黑框隔开，中间都画有一尊藏传佛教的变身佛像。这就是所谓的坐佛，据说这

神秘的阿尔寨石窟

成吉思汗陵

种崇拜在西夏后期和蒙元时期十分流行。

这幅壁画的最下面两层完全是宗教意义上的内容：从下往上数第二层，两座藏式庙宇中间的山腰，画着一尊坐身佛像，山脚树立着一块像墓碑一样的白色物体，几个古怪精灵或在天上飞翔，或在地上卧蹲。而最下边一层，变身佛像的下方左边，画的则是许多恶鬼惩治死人的场面，是传说中的地狱。从下往上数第三层，是山川河

阿尔幂石窟壁画上的成吉思汗像

阿尔寨石窟

流，平顶山居中，变身佛居上。山坡上遍布着野马、野驴、野羊、野鹿等野兽，河里有鹅、鸭，河边有三个人，还有小鸟，一头长角鹿的旁边还有一位举手挥舞的人。组画的最上一层主体是山峰，变身佛画在山峰的半腰，左右各有一座庙宇，整个画面紫气缭绕，如同仙境一般。上方第二层画面，同样的山峰，同样的变身佛居中，而上下左右却是两军对垒的战争场面。上面有骑着大象的武士在疾驰，中间是排列整齐的两军对阵，下边则是骑着战马的两军将帅们在驰骋厮杀。第四层是这组壁画的核心部分，也是最神秘、最写实，使

人最富联想的部分。这层画面又分为中间
和前后左右五个场景。每个场景之间用斜
线隔开，画面左侧前方，是一座有双层飞
檐的庙宇，庙内有持灯打坐的僧人，庙外
有身穿蒙古袍的男人。画面右侧前方，是
一间单檐宫殿式的房屋，室内挂有垂帘，
一人垂头而坐。室外也有一人，裸腿，身
穿皮条状长衣，举手弯腰，像是萨满教中
巫师的样子。画面正中前方是这层壁画写
实的主体，两顶华丽异常，尖顶高耸的白
色宫帐和一座小庙，居画面前方最显眼的
位置是两座宫帐，除了漂亮的装饰图案外，

阿尔寨石窟

寻找成吉思汗陵

阿小赛石窟壁画

阿小赛石窟壁画

成吉思汗陵

还有一个圆形的包顶，显示出它的神圣和庄严。在第一个较大的宫帐外，一左一右分别有两位妇女，她们头顶尖帽，身着蒙古贵族服装。左边的妇女戴有比甲，她手托宫帐，依包而立。右边的一位，恭恭敬敬地盘腿坐在包边。白色宫帐的左侧，是一间飞檐小庙，其样式和现在成吉思汗陵苏勒德祭坛上的铜制小庙一模一样。在这间小庙的两侧，也有两位夫人一站一立。庙左侧坐在地毯上的贵妇穿蒙古礼服，肩有比甲，盘腿免冠，恭敬而坐。右侧站立的妇人身着带帽长袍，双手合十，像是西夏或是西域妇女打扮。中间这组画面的侧后方，还有一座扁圆形住人的蒙古包，样子和我们现在见到的蒙古包一样。这层画面的右后方，就是人们争论已久的丧葬场面，丧葬场面没有山野的绿色，显然是另一个地方。一具赤裸的尸身，双手举过头顶，直挺挺地放在巨大的方形场地的中央，三只白鸟正在将尸体衔起，呈升腾动作。尸体侧边，跪着一个巫师一样的人，双手合举，面前放着一个小箱子，上边摆放着一些尖状的祭物，像是在超度死者。在这片场地的右后方，像是卧着一匹红褐色的

阿尔寨石窟

战马，马头朝向场地，望着尸体。场地的
右侧，像是蹲着一些野兽，前爪都踏在场
地边上。场地的前边，放着一具棺木，棺
木前跪着三个人，一人是僧人打扮，一人
似巫师，第三个人则是头戴盔帽、肩有比
甲的蒙古贵族打扮，在场地的前角，也站
着一名同样穿戴的贵族男子。这层画面的
最后一部分在左后方，一位老人端坐于山
洞之中，周围仙鸟飞舞，祥云皑皑。

　　这幅有六层内容的壁画，究竟想说明
什么？从整体上看，这组壁画最上一层
和下边两层的画面说的是天上和地狱的故
事，显然是在宣扬佛教的生死轮回。中间
上层的画面完全写实，反映的似乎就是阿

蒙古秘史

尔寨或者阿尔巴斯地区曾经发生过的故事。经过许多年艰苦的研究，许多专家认为，这就是成吉思汗的丧葬图。

结合《蒙古秘史》的记录，我们就中间的上层写实的画面，做一个符合逻辑和实际的分析，首先壁画画在阿尔寨石窟，画面中写实的场面，第一个可能就是与阿尔寨石窟及其周围的环境和曾经发生的故事有关。从下往上数第三层是山川和河流的画面，中间的平顶山峰同今天看到的阿尔寨西南的乌仁都希山峰一模一样，由此可以确认，它就是当年阿尔巴斯山一带野马成群、野兽随处可见的情景。再看上方第二层两军对垒的画面，依其穿戴披挂以及战骑阵式，可以看出，它反映的就是成吉思汗率领着蒙古大军西征和消灭西夏的激烈战役。可以断定中间的这层画面反映的地方就是阿尔寨石窟或者附近地区。这里曾经有过成吉思汗的丧葬场面和祭祀宫帐也是不难理解的。如果是这样，那么画面右后方的场景毫无疑问就是成吉思汗的丧葬图了。按照画面的情景和当时蒙古人以信奉萨满教为主的习俗，准确地说，这幅画反映的是萨满教的安葬或野葬的场

蒙古草原上悠闲自
在的牛羊

阿尔寨石窟壁画

面。尸体右侧双手合十跪拜的这个人就是萨满教中的巫师。场地后边横卧的战马，就是围猎时把成吉思汗摔在地上的那匹赤兔马。成吉思汗升天了，它也理应随去。而棺材边上的三个人，一个是僧人，一个是巫师，一个是成吉思汗的儿子，连同场地前角另一个贵族打扮的男子，他们应当是四子拖雷和成吉思汗的其他子孙。这具棺木应当是空的，尸体就是从这具棺木中抬出来的。这层画面左后方，端坐的那位老人，经过放大，其形象最像我们常见的那幅成吉思汗画像。仙鹤在四周飞翔，应该是灵魂升天成神的情景。与天葬的场面相呼应，中间的主要场面是成吉思汗祭祀图。这两间白色宫帐，从它尖顶高耸和华丽肃穆的构造可以确定它就是历史上记载的成吉思汗八白宫中的两座。在相当长的一个历史时期中，成吉思汗的八白宫都是在秘密状态下，分散安放的。这座小庙与现在的鄂尔多斯成吉思汗陵苏勒德祭坛上的铜制小庙一模一样，成陵的祭祀圣物都是依据古老的祭祀典制传下来的，因此画面上的小庙就是成吉思汗陵供奉苏勒德圣矛的祭祀小庙。在这层画面的中央，还有点睛之笔，坐佛四周的彩云组成了三个汉字——天之子。

综合权威史料的记载、历史遗迹的考证和民间传说，根据成吉思汗的信仰和蒙

阿尔寨石窟壁画

寻找成吉思汗陵

在鄂尔多斯，并没有找到成吉思汗的陵墓

古民族当时的丧葬习俗，考虑到当时的气候和身在战区或战区边缘的具体情况，我们可以猜测，成吉思汗去世后，他的子孙们准备将遗体运往蒙古高原的肯特山安葬，可是当遗体运到他曾经养过伤的鄂尔多斯的阿而巴斯一带时，由于天气炎热，尸体开始腐烂，为了让长生天的使者将成吉思汗的灵魂尽快带上腾格里天堂，按照萨满教的习俗，在这里秘密地举行了一种特殊的野葬仪式，将成吉思汗就地安葬。遗憾的是，我们至今没能在鄂尔多斯找到成吉思汗的陵墓。

（三）寻找成吉思汗秘葬地的最新动态

成吉思汗的一生是辉煌的，他创造了

无数个战争史上的奇迹。直到今天，世界各国的人们对他的兴趣依然浓厚。数百年来，寻找成吉思汗陵的行动更是从未间断，匈牙利、波兰、美国、日本、意大利、德国、法国、加拿大、俄罗斯、土耳其、韩国等十多个国家都投入了大量的人力物力，耗费不计其数的资金去寻找成吉思汗的安葬地，但都无果而终。

近年来又传出成吉思汗的陵墓里可能埋藏着他东征西讨，从二十多个王国得来的无价珍宝，据说随葬的工艺品甚至比秦始皇陵出土的兵马俑还要壮观。这些因素再一次激起了世界各国的考古界和成吉思汗的崇拜者、探险家们对寻找成吉思汗的秘葬地的浓厚兴趣。

成吉思汗创造了草原上的奇迹

寻找成吉思汗陵

2000 年 8 月，美国的探险家穆里·克拉维兹率领由科学家、考古教授和翻译组成的考古探险特别小组信心十足地来到乌兰巴托寻找成吉思汗陵墓。

穆里·克拉维兹这年 68 岁，是美国的亿万富翁，青年时代起就对成吉思汗有着浓厚的兴趣。这次探险他共募集了 120 万美元的经费。计划用三年的时间跑遍蒙古国，追踪成吉思汗活着时留下的线索，最终找到成吉思汗的陵墓和陵墓里埋藏的宝物。

这个计划一开始就遭到了蒙古政府的抵制，后来他几乎拿出了自己的全部积蓄，

一些探险家来到乌兰巴托寻找成吉思汗陵墓

成吉思汗陵

在蒙古生活了六年，才说服了蒙古政府并吸引了两位著名的当地历史学教授加入探险。

2001 年 8 月 16 日，克拉维兹的考古队在乌兰巴托东北三百多公里处的森林中发现了一个城墙环绕的墓地，里面包括几十座没有打开过的陵墓。探险队由此向外界宣布"找到了成吉思汗的陵墓"，但后来被证明是匈奴墓。

2002 年 4 月，这个考古队在蒙古首都乌兰巴托东北 320 公里处的肯特省巴士利特镇发现了一个由城墙环绕的墓地，里面至少包括 30 座没有打开过的陵墓。这个

人们一直没有放弃对成吉思汗真正墓葬地的寻

寻找成吉思汗陵

成吉思汗雪雕

古墓被称为"非常可能是成吉思汗的陵墓"。然而，四个月后，考古队突然放弃挖掘行动并撤出蒙古。有传言说，在考察过程中，美国考古队的一些工作人员被陵墓墙壁中忽然涌出的许多毒蛇咬伤，并且他们停放在山边的车辆也无缘无故地从山坡上滑落，所以考古队决定放弃挖掘。

因此有传言说是成吉思汗显灵了。不过，真实情况据说是考古队受到了蒙古政府和民间的阻止。因为按照蒙古的传统观念，挖掘土地会带来坏运气，而触动祖先的坟墓会毁灭祖先的灵魂。所以，当蒙古国民众得知这一消息后，纷纷强烈反对挖掘，蒙古国政府也勒令考古队停止挖掘并撤出那个地区。主要投资者克拉维兹不得不宣布停止考察活动。

2004年10月6日，一支分别来自日本和蒙古的联合考古队宣布他们找到了可能打开成吉思汗陵墓之谜的"钥匙"——成吉思汗的灵庙。如果灵庙的身份得到确证，那么将会在灵庙方圆12公里范围内锁定成吉思汗的陵墓。

10月4日，日蒙联合考古队在位于距离蒙古首都乌兰巴托约150英里的阿夫

成吉思汗陵

拉加市达尔根哈安村附近，发现一座建在四角形基座上的13—15世纪的灵庙遗址。在灵庙的下方是一座几乎已成废墟的石头平台，在石头平台的下方埋有许多坑洞，里面埋葬着许多战马的骨灰和遗骨。从战马遗骸的数目之众来看，这座陵墓的主人显然地位非同寻常。在25米的方形基坛上还发现了作为灵庙遗存的基石和柱穴，因为没有发现瓦和砖，所以推测上面所建应该是帐篷。

考古学家们认为，这个石头平台应该就是陵墓的原始地基。在灵庙内，还发现从上面看为"凸"形的、高约40厘米的

鄂尔多斯成吉思汗陵内景

成吉思汗陵

宽广的蒙古草原

石壁，上面有烧火的痕迹。基坛的周围发
现了埋灰和马骨的坑，认为这是为祭祀成
吉思汗而烧马等"烧饭"仪式的证据，这
与中国史书的记载一致。另外，在灵庙的
南侧，出土了刻有作为皇帝象征的龙的纹
样的香炉，这则与14世纪波斯历史书的
记载相一致。

　　考古发掘队的负责人之一、日本新泻
大学的白石典之助教授介绍称，距这个陵
墓七英里之内，密布着各个时代的蒙古首
领陵墓。种种迹象表明，这里应该就是传
说中的成吉思汗陵墓。

　　日蒙考古队在寻找成吉思汗陵的工作
中取得了不少成绩，但这些陵墓或遗迹是

否是成吉思汗陵则缺乏有力的证据，因此许多专家学者对他们的发现提出质疑。

首先，元朝的历代皇帝都采用秘葬的形式，都有烧饭致祭的习俗。这里的祭祀对象比较高贵但并不能认定祭祀的对象就是成吉思汗，更不能由此确定成吉思汗陵的位置。龙纹香炉是蒙古族受汉文化影响的产物。成吉思汗时期蒙古族皇室还没有入主中原，如果作为皇帝象征，也只能是后世元朝皇帝所用。那么是否是后世元朝皇帝派人来祭祀成吉思汗而留下的遗址呢？可能性也不大，因为后世祭祀成吉思汗的主要活动早已转移到放有成吉思汗圣物的八白宫里。

元代龙泉龙纹香炉

成吉思汗陵

其次地面上发现祭祀遗址不代表地底下一定能挖出东西。随着科学的发展，遥感等先进探测技术的应用，发现地下真墓位置的可能性越来越大。但在蒙古民族崇尚薄葬，没有坚固的墓室、多层的棺椁，经过七百多年的漫长时光，埋在地下的物品损坏变形会相当严重，掩埋处也可能由于地壳、河流等的运动而易位。所以在如此广阔的地域寻找成吉思汗的墓葬地无疑是大海捞针。

最近又有报道说，美国加利福尼亚大学圣迭戈分校的研究人员现在计划利用无破坏性的多种探测技术，寻找成吉思汗墓。他们组织了一支由艺术、建筑和考古等学科的研究人员组成的八人考察队准备前往蒙古国，计划用三年时间，综合应用遥感探测、探地雷达、电磁感应、测磁法等最先进的技术来定位寻找成吉思汗墓。

加州大学圣迭戈分校下属艺术、建筑和考古跨学科研究中心的艾尔伯特·林裕民（音译）解释说，在有大型墓葬存在的地方，地表地貌总会受到影响，采用各种先进技术进行综合探测，并邀请公众参与分析，有望把考察范围缩小。

蒙古包内景

寻找成吉思汗陵

林裕民说,他们将在不掘地的情况下,对目标进行无破坏性探测,最终制成高精度立体图,以此来判断成吉思汗的墓地所在地。

以高科技为依托,这支考古队似乎信心十足,但高科技不是万能的,能否找到成吉思汗陵,我们拭目以待。

面对一些国家热衷于寻找成吉思汗安葬地的现象,包括达尔扈特人在内的多数蒙古人持反对态度,他们认为成吉思汗及元代的历代皇帝都是采取秘葬的形式,就是为了防止后人盗掘。蒙古人尊重他们祖先的意愿,不愿他们的祖先受到惊扰。

身材魁梧的蒙古族摔跤手

成吉思汗陵

多少年来人们不惜代价苦苦寻觅成吉思汗的安葬地，都无功而返。或许重灵魂轻肉体的蒙古人只是简单地安葬了成吉思汗，他的遗体早已化归于天地万物，根本就没有留下任何东西。但是可以肯定地说，在成吉思汗的精神魅力和可能留下的奇珍异宝的吸引下，寻找成吉思汗陵的行动将会继续下去。

如今的蒙古族人继承了成吉思汗的血统和精神，豪放不羁

寻找成吉思汗陵

四、鄂尔多斯的成吉思汗陵

成吉思汗陵大门

（一）成吉思汗陵的建造及变迁

成吉思汗真身的埋葬地不知所踪，但对成吉思汗的祭祀却延续至今。用于祭祀和安放圣物的成吉思汗祭陵经历了几百年的历史变迁后，近乎完整地保存了下来。

最早祭祀成吉思汗的地方叫八白宫，成吉思汗八白宫始建于鄂尔多斯，它由成吉思汗九位将领之首勃务尔出负责带领鄂尔多斯人，守护祭祀成吉思汗的灵柩。后来成吉思汗之孙圣祖忽必烈继可汗位，正式命名为成吉思汗八白宫。

为什么成吉思汗祭陵最早建于鄂尔多斯，这里有一个有趣的故事。据说成吉思

成吉思汗陵入口处

汗死后，蒙古人将其遗体秘密安葬，然后将装有成吉思汗生前用过东西的灵车运往漠北，但车队至木纳山呼格布尔时，车轮陷住。护送灵车的蒙古士兵费尽力气也没能将灵车拖出来。他们认为这是长生天的旨意，于是在这里建立了祭祀成吉思汗的白宫。

　　木纳山呼格布尔就是现在乌拉特前旗乌拉山角的西山嘴，考古专家在阿尔巴斯山下一个个叫驼羔梁的北边发现一处用红石块围成的圆形遗址，很像是一个大蒙古包的基座四圈，紧连着这个大圆圈，还有大半个似方不方、似圆不圆的弧圈儿，也

鄂尔多斯的成吉思汗陵

正在修复的成吉思汗陵

用红石块围成，里面还发现有许多瓷片。专家推测这就是当年建立的祭祀成吉思汗的白宫的地方，后来这里的祭祀回到了阿尔巴斯一带，作为八白宫的一部分成为成吉思汗最早的祭陵。

元世祖忽必烈继位后，就钦定鄂尔多斯的"总神祇"为成吉思汗的八白宫，忽必烈钦定的八白宫里，除了成吉思汗的金枢金坛和金银器具外，分别祭祀着成吉思汗象征瑞兆的八件圣物，他们是镇远大黑纛、大红号、弓箭、金刚宝刀、红木奶桶、金马鞍、衣带和大座蹬。

其中祭祀成吉思汗的军旗镇远大黑纛

的白宫，始终安放在成吉思汗灵棺附近。过去蒙古人的宫帐就是漂亮的蒙古包，蒙语叫"鄂尔多"或"斡耳朵"，多个宫帐就叫"鄂尔多斯"。开始成吉思汗的八白宫在阿尔巴斯山区，随着守护的达尔扈特人秘密游动。后来这个守护的人群越来越大，逐渐形成一个新的部落，这个部落就叫鄂尔多斯。因为有鄂尔多斯人的活动，从 15 世纪开始，阴山之南的黄河两岸，直至万里长城的广大地区都叫鄂尔多斯这个名字。蒙语达尔扈特就是"执行特殊使命的人"，它专指鄂尔多斯部落中直接守

成吉思汗陵外景

鄂尔多斯的成吉思汗陵

护和祭祀成吉思汗八白宫的人。达尔扈特是世袭的,他们大部分是成吉思汗的爱将、爱臣和至爱亲朋的后裔。其中就有成吉思汗的著名大将勃斡尔出和木华黎的后人。

成吉思汗去世后,在成吉思汗四子拖雷任监国期间,漠北也建立过祭祀大汗的白色宫帐,与始建于鄂尔多斯的白宫一起,作为全体蒙古人的总神祇进行供奉。1229年成吉思汗的三子窝阔台继位,又在新建的蒙古汗国都城哈剌合林,建立了祭祀白宫。由成吉思汗原来的一部分守卫人员守护和祭祀。成吉思汗的四位夫人去世后,

成吉思汗陵建筑

成吉思汗陵

她们原来居住的四大斡耳朵，也成了重要
的祭祀白宫。拖雷和窝阔台去世后，同样
建立了祭祀白宫，这些白宫后来都来到鄂
尔多斯，安放在成吉思汗的八白宫周围。
1206 年，成吉思汗之孙，拖雷之子忽必烈
称汗后，在元上都西北郊，现在内蒙古正
蓝旗境内，建立了成吉思汗祭陵宫，时称
"失剌斡耳朵"，即黄色宫殿。1266 年，
忽必烈接纳了身边汉臣的建议，在元大都
即现在的北京建立了祭祀太庙，分别供奉
先祖各位皇帝。元朝时期，祭祀成吉思汗
的地方有四处，即阴山之南的鄂尔多斯，

成吉思汗陵俯瞰

鄂尔多斯的成吉思汗陵

漠北的哈剌和林，元上都和元大都，这一局面比较平稳地延续了近百年。

1368 年元朝覆灭，元大都被朱元璋率领的明军占领，元大都和元上都的祭祀宫殿随之消失。1380 年，明军占领并毁坏了哈剌合林，此处的一些祭祀白宫，便迁到了鄂尔浑河一带。明军撤走后，这些白宫又迁回到哈剌合林。此后伴随着明军与北元蒙古可汗的战争，这些祭祀宫帐就在漠北漂流。而始建于鄂尔多斯地区的八白宫，则始终在鄂尔多斯秘密游动。14世纪，在漠北守护祭祀白宫的一部分蒙古

成吉思汗陵主殿

成吉思汗陵

大殿前的香炉

人为躲避连年的战乱，离开蒙古高原，向西迁徙到了阿尔泰山一带。15世纪的60代前后，即明朝成化年间，迁往阿尔泰地区的这些人和祭祀白宫经阿拉善地区进入河套地区。仍在漠北漂流的另外一些祭祀白宫也陆续进入阴山之南的黄河两岸，于是与成吉思汗有关的所有元代时的祭祀白宫，全部于15世纪中后期进入了鄂尔多斯地区，和始建于此的成吉思汗八白宫会和，并在祭祀过程中逐渐融合，形成新的八白宫。

历史沧桑巨变，成吉思汗八白宫遭受过数次劫掠，但基址保存完好。此后八白宫虽然也有分有合，但主要部分一直在鄂尔多斯游动。蒙元时期，主持成吉思汗祭祀礼仪的大臣，官职叫"济农"，他是可汗以下的二号人物。成吉思汗四子拖雷是第一任"济农"。明朝时期的1512年，北元汗廷把蒙古各部重新划分成六个万户，济农成为万户长官。成吉思汗的八白宫有鄂尔多斯万户济农兼管。1627年成吉思汗第二十一代孙额麟臣袭任鄂尔多斯济农，为了便于管理，他把成吉思汗八白宫迁到黄河南岸达拉特旗的王爱召，安放在他父亲的灵塔附近。

清朝时期的1649年，清廷实行新的盟旗制度，鄂尔多斯济农额麟臣被任命

成吉思汗陵园一角

成吉思汗陵

成吉思汗陵宫殿一角

为首任伊克昭盟盟长兼鄂尔多斯左翼中期札萨克多罗郡王。为了管理方便，额麟臣又把八白宫由王爱召迁往现在的伊金霍洛旗。于是人们把安放成吉思汗白宫的巴音昌霍格河畔的草地称作"伊金霍洛"，意思为"安放圣主灵柩的院落"。

1937年7月7日，抗日战争爆发，日本发动了野蛮的侵华战争。10月以后，日本军占领了除伊克昭盟、阿拉善旗、额济纳旗以外内蒙古西部的广大地区，矛头指

草原上的马队

向成吉思汗灵宫。邪恶的日本人将成吉思汗的灵棺挟持到呼和浩特，以控制蒙古民众。国民党政府应伊盟盟长兼济农沙克都尔扎布的要求，将成吉思汗八白宫中的圣主与孛儿帖皇后的灵棺、忽兰皇后的灵棺和哈日苏勒德等重要圣物西迁。

今天的成吉思汗陵坐落在距包头市185公里的内蒙古鄂尔多斯伊金霍洛旗甘

成吉思汗陵

成吉思汗战马铜雕

德利草原，陵园占地面积55000多平方米，如今这里已成为世界上最大的成吉思汗文化和蒙古族文化为主体的旅游景区。

来到成吉思汗陵，首先看到的是成吉思汗的铁马铜雕和古色古香的门牌坊。骑马铜像是1997年内蒙古自治区五十周年大庆时修建的。它高6.6米，象征着成吉思汗整个人生的六十六年岁月。马头的方向

鄂尔多斯的成吉思汗陵

成吉思汗陵牌坊

指向西方，象征着成吉思汗的几次西征。牌坊上题着"成吉思汗陵"五个大字，是内蒙古自治区第一位主席乌兰夫同志亲笔题写的。

走过九十九级台阶就来到了成吉思汗陵的主体建筑。它是由三座蒙古包式的大殿和与之相连的廊坊组成，三座大殿肃然屹立，明黄的墙壁、朱红的门窗、辉煌夺目的金黄琉璃的屋顶，使这座帝陵显得格

成吉思汗陵

外庄严。

中间正殿高达 26 米，平面呈八角形，重檐蒙古包式穹庐顶，上覆黄色琉璃瓦，房檐则为蓝色琉璃瓦；东西两殿为不等边八角形单檐蒙古包式穹庐顶，亦覆以黄色琉璃瓦，高 23 米，整个陵园的造型犹如展翅欲飞的雄鹰，极显蒙古民族独特的艺术风格。

正殿为成吉思汗纪念堂，正中摆放成吉思汗的雕像，高 5 米，身着盔甲战袍，腰佩宝剑，相貌英武，端坐在大殿中央。塑像背后的弧形背景是"四大汗国"疆图，标示着七百多年前成吉思汗统率大军南进

正殿内的成吉思汗雕像

鄂尔多斯的成吉思汗陵

中原、西进中亚和欧洲的显赫战绩。

　　后殿为寝宫，堂后的寝宫安放着四个蒙古包式的大灵包，上面覆盖着巨大的橘黄色的缎子，这就是成吉思汗和他的三位夫人的灵柩。中间的主灵包，起初只供奉着成吉思汗的灵棺，而现在供奉的则是成吉思汗和皇后孛儿帖。灵棺里安放着成吉思汗身边的圣物，其中有一缕神秘的白驼毛，据说成吉思汗升天前，蒙古人曾将这缕白驼毛放在他嘴边，当成吉思汗最后的气息吹动驼毛时，他的灵魂就附着在白驼毛之上，此后成吉思汗的真身秘葬，这缕

成吉思汗陵 " 铁马金帐 "
群雕

成吉思汗陵

104

阿拉坦甘德尔敖包为纪
念成吉思汗而设立

白驼毛放在灵棺里供后人祭祀。主灵包右边的灵包，供奉的是忽兰皇后。左边的灵包供奉的是准格尔伊金白宫。灵包的前面摆着一个大供台，台上放置着香炉和酥油灯。这盏盏油灯七百多年来一直守在成吉思汗灵前，长明不灭。这里还摆放着成吉思汗生前用过的马鞍等珍贵文物。

鄂尔多斯的成吉思汗陵

**三座相连的金碧辉煌的
陵宫大殿**

东殿的这座白宫，供奉的是成吉思汗
的神马溜圆白骏的画像，传说它是上天的
使者，是腾格里长生天赐给成吉思汗的神
马，因为有了神马，成吉思汗的铁骑才疾
如闪电，所向披靡。因为有了神马，草原
才畜群兴旺、吉祥安康。储存成吉思汗八
白宫史料的典籍和祭祀用品的商更斡尔阁
也设在东殿，著名的《成吉思汗金书》《红

成吉思汗陵

史》《黄史》《黄册》《三结书》《鄂尔多斯大白史》等珍贵文献都出自这里。

西殿的三个灵包里分别供奉着成吉思汗用过的弓箭、马鞍、大奶桶、大红号等圣物。历史上这些圣物都是"八白宫"的组成部分。

西殿是供奉成吉思汗军旗"哈日苏勒德"的祭坛。五柄黑道，中间突起，四脚稳居，象征着成吉思汗所向无敌、稳固如山的军威。祭坛上有一间铜制小庙，这是珍藏成吉思汗苏勒德神矛的地方。不灭的圣灯也祭燃在这里，与成吉思汗灵棺前的圣灯一样，跳跃了七百多年。七百多年来，哈尔苏勒德祭坛一直跟随在圣主白宫的左右，从未离开。

扩建后的陵园外东侧还有一处独立的殿堂。殿堂的灵包里，供奉着拖雷和夫人额希哈屯的灵棺。拖雷是成吉思汗四子，是成吉思汗四个儿子中最小的一个，按照蒙古人的习惯，小儿子是守昭守家之子，成吉思汗去世后，他任监国一年，然后向哥哥窝阔台交了权，夫人额希哈屯为蒙古王朝养育了蒙哥和忽必烈两位皇帝，因为深受人们尊敬，他们为了祭祀白宫，很早

成吉思汗陵一角

鄂尔多斯的成吉思汗陵

成吉思汗汉白玉雕像

成吉思汗陵西殿

成吉思汗陵

成吉思汗陵匾额

就来到了鄂尔多斯，来到成吉思汗灵宫的身边。拖雷白宫安放在鄂托克旗，有专门的达尔扈特人世代守护祭奠，成吉思汗三子窝阔台的祭祀白宫也在鄂尔多斯的达拉克旗安放，蒙语"达拉"，就是"肩胛骨"的意思。"达拉特"是"达拉"的复数，传说窝阔台白宫的灵棺内，除藏有寄托灵魂的白骆驼毛外，还安放着窝阔台的肩胛骨，守护窝阔台祭祀白宫的达拉特部和达拉特旗，都因此得名。这一传说又一次证明了蒙古王汗死后按萨满教野葬的习俗，不然窝阔台的肩胛骨是不会放在灵棺里的。1934年，守护窝阔台白宫的老达尔扈

达尔扈特人忠诚地守护着
成吉思汗陵

特，那顺乌力吉怕土匪抢走窝阔台的银棺。就把银棺藏在库布其沙漠里。老人临死的时候，把埋藏银棺的地方告诉了他的儿子孟克巴图，并嘱咐他，现在兵荒马乱，银棺暂时不要取出来，等到天下比较太平了再取，可是，当儿子后来去寻找银棺的时候，沙漠的变化使他再也没有办法找到银棺，就这样，窝阔台的灵棺，就永远安息在库布其沙漠里了。

（二）成吉思汗陵的祭祀

守护成吉思汗陵的是蒙古族的一个特殊部落达尔扈特。成吉思汗死后，达尔扈特人就世世代代担负着守护和祭祀成吉思汗的使命，七百多年来从未间断。从部落诞生之日起，达尔扈特人就不耕种，不狩猎、不纳税、不服役、也不当官，靠布施为生，他们毕生吟诵祭文，世代守护和祭祀成吉思汗陵墓。

目前，成吉思汗陵由八户达尔扈特人掌管祭祀，负责守护祭祀的有三十多人，他们已经成为管理成吉思汗陵的国家公务人员。在达尔扈特守灵人中，只有长子才能接替守灵工作。守灵人掌握的有关祭祀都是由祖辈一代代口耳相传下来的。凭着

成吉思汗陵东南侧的敖包

一份坚定的信仰和不屈不挠的精神，达尔扈特人战胜了无数的困难，数百年如一日地真诚地履行着他们的职责，完整地传承着这一特殊的祭祀文化。

成吉思汗陵祭奠是世界上最细繁最具有特色的祭奠，它分为日祭、奉祭、月祭、季祭和年祭。此外历史上还有每三年进行一次的"祝福祭"，每年分不同月份进行的"公羔祭""台吉祭"和"香火祭"等祭奠仪式。所谓日祭就是一年三百六十五天，每天早晚守灵的达尔扈特都要在成吉思汗和夫人的灵包前点燃香火，更换长明圣灯，念诵《伊金桑》圣主颂词。奉祭是

成吉思汗陵广场南
面两角的汉式碑亭

为朝奉者举办的一种祭奠，坐班的达尔扈
特要领着朝拜者向成吉思汗敬拜，并念

诵《哈达祝祷词》《神灯祝祷词》《圣
酒祝祷词》，如果朝拜者向成吉思汗敬献
全羊，坐班的达尔扈特还需念诵《全羊祝
祷词》。月祭在每月的初一、初三举行，
也叫"小祭"。碰到初一，向成吉思汗敬
献全羊一只，白酒一樽。碰到初三，则献
全羊三只，白酒三樽。月祭除守陵的达尔
扈特以外要有达尔扈特的有关管理人员参
加。圣主年祭是一年里达尔扈特人和附近
蒙古人的第一心愿。年祭从除夕开始，坐
班的达尔扈特人举行一年最后一次祭奠，

鄂尔多斯的成吉思汗陵

祭成吉思汗陵是蒙古族最隆重、最庄严的祭祀活动

在这次祭奠中，除了要念诵原来的五个颂词外，还要念诵《金殿香火小祭文》。正月初一，达尔扈特人和附近的蒙古族群众早早起来，他们要办的第一件事就是到成吉思汗陵祭拜。正月初一的祭奠，要有九只绵羊，九樽六十三斤白酒，二百多斤白面做成的馓子。三斗红枣，十斤白糖冰糖红糖蜂蜜核桃等美味甜食，此外还要点燃一千盏神灯。过去正月初一的年祭，都要有盟长、王爷、济农和继位台吉参加，并且在除夕之夜就要来到成陵。现在依照这个习俗，鄂尔多斯市的主要官员，也要在正月初一到成陵祭拜。正月初一的年祭中，除了月祭时念诵的颂词外，还要念诵《成

吉思汗小祭文》和《净瓶赞》，还要唱《十二首祭歌》即《天歌》。

这组由十二首歌曲组成的祭歌，确实可以称得上"天歌"，因为这十二首歌中的十一首，谁也听不懂唱的是什么意思，是什么语言。从古传到今，没有一人能破解。人们只能从达尔扈特诵唱传人的歌声中，体会他们对成吉思汗的崇敬缅怀和自豪的情感。

一年有四季之分，成吉思汗陵祭奠也有"四时大典"。这些大典过去都要有蒙古王汗们参加。春季查干苏鲁克大典，在每年农历的三月二十一举行，这一天，要用九十九匹白马之奶祭祀苍天。同时也祭祀成吉思汗的神马溜圆白骏，因此这一祭奠也称"鲜奶祭"。"鲜奶祭"从成吉思汗五十大寿开始，一直流传至今，是四时大典中最隆重的一祭。

夏季淖尔大典，每年农历的五月十五举行。这一天前后，鄂尔多斯各地的蒙古族群众都要举行祭祀仪式，向苍天和成吉思汗祭献，祈求草原上人畜兴旺，鲜奶像湖水一样丰盛。因此这个节日也叫"盛奶节"。"盛奶节"也是从成吉思汗时开始

淖尔大典

鄂尔多斯的成吉思汗陵

的。在盛奶节这一天，成吉思汗往往要奖赏他的有功之臣，这一习俗一直流传下来。祭奠结束后，勃斡尔出、木华黎等达尔扈特的后裔们，也都要"分份子"。"秋日斯日格大典"又叫"禁奶大典"。在每年农历的九月十二举行，这一天除了祭奠成吉思汗外，还要把小马驹从链绳上解放出来，让它可以自由地吸吮母奶。从这一天开始，人们不再去挤母马的奶汁，因此叫"禁奶大典"。冬季"达斯玛大典"又叫"皮条大典"，在每年农历的十月初三举行，产生于鄂尔多斯的蒙古族历史文献《宝贝念珠》记载，十月初三是浴圣主成吉思汗神明身体之脐带的祝福之日。传说，成吉思汗出生的那年冬天，他的襁褓是用祭祀过的山羊皮条包扎起来的。达斯玛祭就是纪念此事。祭奠前，先选定一只出生后从未抓过绒、剪过毛的羯山羊。用全绵羊供奉，然后用圣酒和酸奶把它涂抹，这叫领牲。领牲后，再把羊拉到一个专用的垫子上，让山羊抖动身体，主祭人把一条哈达放在山羊嘴上，由达尔扈特人宰杀。当天夜里，山羊皮要经过一番特殊处理，第二天就变成了白嫩的皮子，制成十八根皮

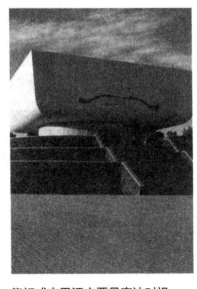

祭祀成吉思汗主要是表达对祖先和英雄的崇拜

成吉思汗陵

蒙古族奶茶

条。十月初三，达斯玛大典开始时，新作的皮条九根一包，包成两包，放入成吉思汗灵棺里，同时把灵棺里去年这一天放入的皮条取出，切成小块，作为圣物分发给朝拜者，蒙古人把它带回家里或者装在身上，祈求圣主保佑。

"四时大典"最隆重的要数春季的查干苏鲁克大祭即鲜奶祭。这个祭奠，从成吉思汗五十大寿开始，流传至今。在他去世之后，这个祭奠便增加了祭祀他和他的神马溜圆白骏的内容。溜圆白骏是成吉思汗在世时禅封的神马，成吉思汗认为他是苍天神骏的化身。成吉思汗去世后，溜圆

鄂尔多斯的成吉思汗陵

117

白骏的画像也一直受到供奉，作为成吉思汗陵祭祀圣物的一部分。而其真马一代一代在草原上选拔传承，成为成吉思汗陵祭奠的组成部分。敖包是蒙古人祭天的地方，也是查干苏鲁克大祭的主要场所，神马是苍天的使者，把神马请上敖包，领受它的祝福，就是领受苍天和圣主的祝福。

苏鲁克大祭的中心是一个可以盛放九十九匹白马的乳汁的大奶桶，这大奶桶名叫"宝日温都尔"，当年它是成吉思汗祭天用的圣奶桶，后来它成了吉思汗八白宫供奉的圣物，平时供奉在大殿里，只有每年的这个时候才用来盛装马奶。

额济纳旗查干苏鲁克大祭

向苍天祭洒鲜奶的仪式开始了，祝

成吉思汗陵

颂人开始吟诵《九十九匹白马之乳祭洒祝词》。按照过去的规矩，把第一勺鲜奶洒向苍天的应该是济农，现在则是成吉思汗家族中的德高望重者。第一勺鲜奶洒完之后，人们一个个争前恐后地接过楚楚格，奔跑着把鲜奶洒向象征着苍天的天门和星座。鲜奶祭之后，人们都要争喝剩下的鲜奶，领受上天的祝福。主祭人则拿一只金杯或银杯，杯里倒上酒，放到溜圆白骏的臀部，任其自由落地，落地后如果杯口朝上则是好兆头，就是苍天保佑。

查干苏鲁克大祭

同成吉思汗灵宫的祭奠一样，成吉思汗的军旗哈日苏勒德也有日祭月祭季祭和年祭，哈日苏勒德祭奠，每年最隆重的是农历七月十四的大祭。每逢龙年，哈日苏勒要换缨，这一年的大祭就叫威猛大祭又叫换缨祭。哈日苏勒德威猛大祭，从龙年的七月十四开始到十月初五达到高潮。过去大祭结束后，祭台上的四杆陪祭苏勒德还要由一百名达尔扈特人护卫，到鄂尔多斯各旗巡祭。十月初五是威猛大祭的最后一天，需要把哈日苏勒德换缨从圣坛上移下来，装到车上，护送到它原来祭祀的地方苏勒德霍洛，在那里举行一个简短的祭

成吉思汗陵风光

祀仪式，然后在十几里外的一个叫明干木都的地方，举行正式的威猛大祭。威猛大祭开始，守护哈日苏勒德的四名达尔扈特人在洪声烈号和《哈日苏勒德威猛祭文》的诵读声中，举起黑纛，单腿跳跃"哈哈"地呐喊向前冲刺。在黑纛的前方，则有一个人将事先特意选好的绵羊头，在盘子里沾上血酒，迎头溅在苏勒德上。据说成吉思汗每次出征的时候都要供奉哈日苏勒德，相信它能够保佑蒙古军百战百胜，这种祭祀一直延续到现在。

成吉思汗陵